Les
ours

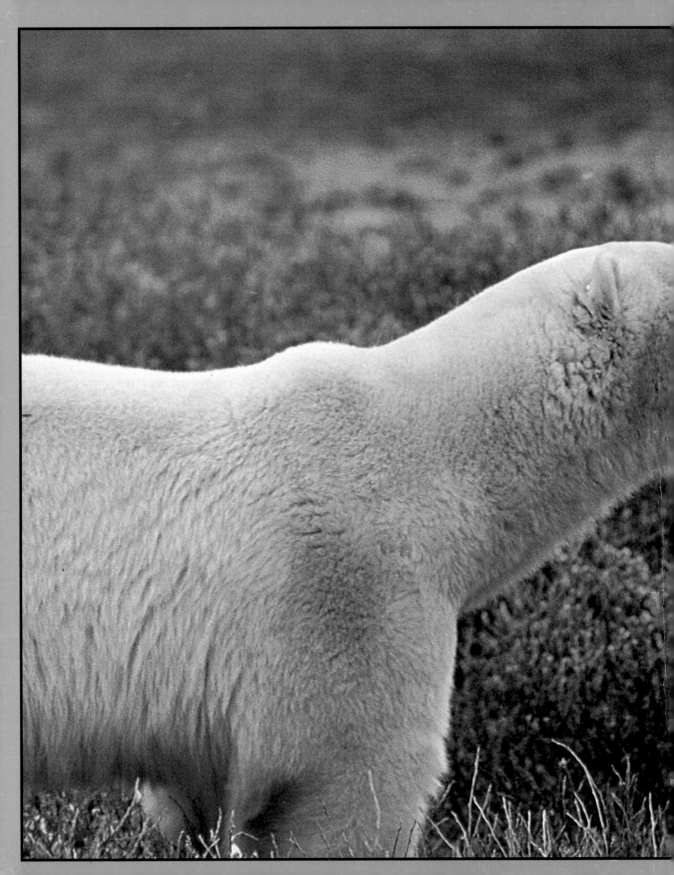

Consultant scientifique :
Gary Brown
Conservateur forestier et spécialiste en gestion des ours.

Références des photos

Tom & Pat Leeson – Pages couverture, 6-9, 12, 14-15, 18-19, 22-23, 24-27, 29
Michael Francis/Wildlife Collection – Pages 6, 23
Gary Schultz/Wildlife Collection – Pages 7, 23
Martin Harvey/Wildlife Collection – Page 8
John Giustina/Wildlife Collection – Pages 9, 19
Tom Vezo/Wildlife Collection – Page 14
Jack Swenson/Wildlife Collection – Page 14
Dean Lee/Wildlife Collection – Page 27
Robert Lankinen/Wildlife Collection – Pages 20-21
Henry Holdsworth/Wildlife Collection – Page 25
Ken Lucas/Visuals Unlimited – Page 10
Tom Edwards/Visuals Unlimited – Page 7
William J. Weber/Visuals Unlimited – Page 8
Erwin C. "Bud" Nielsen/Visuals Unlimited – Page 17
Joe McDonald/Visuals Unlimited – Pages 17, 19, 25
Johnny Johnson/DRK – Pages 6, 10, 12-13, 16, 20-21
Wayne Lynch/DRK – Pages 6, 9-10, 13, 21-22, 28-29
Belinda Wright /DRK – Page 8
Stephen J. Krasemann/DRK – Pages 11, 15
Fred Bruemmer/DRK – Page 11
Leonard Lee Rue III/DRK – Page 16
John W. Matthews/DRK – Page 28
Dwight R. Kuhn/DRK – Page 28
Mike & Lisa Husar/DRK – Pages de la fin
Will Regan/International Stock – Page 15
Ron Sanford/International Stock – Page 16
Mark Newman/International Stock – Pages 19-21, 23
Wide World Photos – Page 29
Susan Lang – Pages 26-27
Lynn M. Stone – Page 24
Zig Leszczynski – Pages 9, 13, 18, 25
Breck P. Kent – Pages 7, 10, 17, 28-29

Données de catalogage
avant publication de la
Bibliothèque nationale du Canada

Olson, Donald
   Les ours

(Zoom nature)
Traduction de: Bears
Pour les jeunes de 9 à 12 ans.
ISBN 0-7791-1527-9

1. Ours--Ouvrages pour la jeunesse.
II. Titre. III. Collection.

QL737.C27O4714 2001   j599.78
C2001-901134-2

Édition publiée par Les éditions Scholastic,
175 Hillmount Road, Markham (Ontario) L6C 1Z7.

5 4 3 2 1   Imprimé au Canada   01 02 03 04 05

ZOOM NATURE

Les
ours

Texte de Donald Olson

**Texte français
de Jocelyne Henri**

Les éditions Scholastic

DES ANIMAUX SAUVAGES

Ces étonnantes créatures sont parmi les plus gros animaux terrestres. Une des merveilles les plus sauvages de la nature, l'ours nage, grimpe, court à des vitesses surprenantes et parcourt de grandes distances dans une journée.

Un grizzli enjoué ▶ se roule dans un champ de baies.

OUSTE!

On aime croire que les ours sont mignons et doux. En réalité, ils préfèrent se tenir loin des humains. Un ours effarouché ou contrarié peut même attaquer.

HOP, DEBOUT! ▼

L'ours marche habituellement sur ses quatre pattes. Il se dresse sur ses pattes arrière pour mieux voir ou pour atteindre la nourriture. Pour se défendre, il se tient debout et donne de violents coups de pattes.

◀ MIAM, MIAM!

Les ours sont voraces. Ils sont carnivores (mangeurs de viande), mais ils mangent aussi des plantes. En plus, ils se nourrissent de miel, de champignons, de fruits, etc.

6

► L'ourson fait son apprentissage en imitant sa mère.

▼ L'ours brun rugit quand il est en colère.

C'EST DANS LA POCHE!

Le koala australien ne fait pas partie de la famille de l'ours. C'est un marsupial, comme le kangourou. Il transporte et allaite ses petits dans sa poche ventrale.

VOUS M'ENTENDEZ? ▲

Même s'ils sont assez silencieux, les ours communiquent par des sons. Ils grognent lorsqu'ils se sentent menacés et gémissent ou pleurent quand ils sont contrariés.

DES SOLITAIRES Les ours font la loi partout où ils vivent. Leurs seuls ennemis, à part les humains, sont les autres ours. Ces créatures solitaires s'évitent généralement. Ce n'est qu'à la période de reproduction que les mâles et les femelles adultes se rencontrent. Cependant, l'ourse peut passer plus de deux ans avec ses oursons.

Y EN A PARTOUT!

T'es-tu déjà demandé s'il y avait des ours dans ta région? C'est fort possible! On trouve des ours sur tous les continents, sauf en Afrique, en Antarctique et en Australie. Il y a huit espèces d'ours aux couleurs variées.

L'OURS BRUN

On trouve l'ours brun en Europe, dans le sud de l'Asie, dans l'Ouest canadien, en Alaska et dans certaines parties de l'ouest des États-Unis. C'est un des plus gros ours qui soient, avec un poids moyen pouvant dépasser 360 kg et une taille pouvant atteindre 3 m.

L'OURS NOIR D'AMÉRIQUE

L'ours noir d'Amérique vit dans les forêts, les marais et les montagnes boisées de l'Alaska et du Canada, jusqu'au Mexique et en Floride.

L'OURS NOIR D'ASIE

L'ours noir d'Asie vit dans les taillis et les forêts partout en Asie, incluant le Japon et l'île de Taïwan.

L'OURS POLAIRE

Aussi blanc que la glace et la neige du pôle Nord, l'ours polaire vit dans les régions arctiques de la Norvège, du Groenland, de la Russie, du Canada et de l'Alaska.

L'OURS LIPPU

L'ours lippu vit partout sur le sous-continent indien, du Népal au Bhoutan et jusqu'au Sri Lanka. Assez petit de taille, il porte un « collier » blanc ou jaune sur sa poitrine noire.

L'OURS À LUNETTES

L'ours à lunettes se trouve seulement en Amérique du Sud. Cette créature unique, qui doit son nom aux marques autour de ses yeux, vit dans les Andes du Venezuela, de la Colombie, de l'Équateur, du Pérou et de la Bolivie.

L'OURS DES COCOTIERS

Le plus petit de tous les ours, l'ours des cocotiers pèse en moyenne 45 kg et mesure environ 1,2 m. Il habite les forêts denses du Sud-Est asiatique, les îles de Sumatra et de Bornéo, la Malaisie, le Myanmar et la Thaïlande.

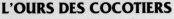

LE PANDA GÉANT

Le panda géant vit dans les hautes montagnes du centre de la Chine, là où abonde le bambou, sa nourriture préférée. Cet animal rare est confiné à une région ne dépassant pas 480 km de long sur environ 130 km de large.

DE QUOI AI-JE L'AIR?

Comment décrirais-tu l'ours? Regarde attentivement. La plupart des ours ont une grosse tête avec un long museau, de petits yeux rapprochés et des oreilles dressées. Ils ont un corps massif, des membres courts et épais et une queue courte. Ce sont de grosses boules de poils!

On a déjà vu un ours polaire qui pesait plus de 905 kg et mesurait 3,35 m!

AU POIL!

Plutôt de couleur unie, la fourrure de l'ours est noire, blanche ou brune et plus ou moins pâle ou foncée. Plusieurs espèces ont des marques pâles sur la poitrine qui soulignent leur taille quand elles se cabrent pour se battre.

▲ DU MORDANT!

La plupart des ours ont 42 dents. Leurs canines pointues servent à déchirer la chair, tandis que leurs molaires plates et larges servent à broyer les plantes.

Contrairement aux griffes des chats, celles de l'ours ne sont pas rétractiles.

DE VÉRITABLES ▲ OUTILS

L'ours possède cinq griffes longues et recourbées. Il s'en sert pour marquer les arbres ou y grimper, chercher de la nourriture, excaver sa tanière, déchirer sa proie, se gratter ou se défendre.

JE VOUS AI À L'ŒIL! ▶

Les yeux des ours sont conçus pour voir de petites choses de près, comme les baies. En fait, les ours sont plutôt myopes, et ils sont parfois tellement absorbés à manger qu'ils ne voient pas un intrus s'approcher. Souvent, les excursionnistes sifflent ou portent des clochettes pour prévenir les ours de leur présence.

◀ LANGAGE CORPOREL

L'ours se sert de son corps non seulement pour bouger, mais aussi pour communiquer. Un ours qui te fixe représente une sérieuse menace. Mais s'il baisse la tête, il n'y a pas de danger. L'ours marque les arbres ou les objets de son territoire avec son odeur ou ses griffes.

LE NEZ FIN

Chez l'ours, l'odorat est probablement le sens le plus développé. Comme un chien pisteur, l'ours réussit à suivre une trace même après des heures. Il peut aussi flairer une odeur dans l'air et en retrouver la source à des kilomètres plus loin.

UN PETIT VITE!

Même s'ils ont l'air gauches et lents, les ours marchent sur la plante des pieds, comme les humains. Certains sont aussi de rapides coureurs. L'ours brun peut atteindre 65 km à l'heure, ce qui dépasse la vitesse d'un sprinteur olympique et équivaut à celle d'un lévrier anglais!

BIEN AU FRAIS! ▶

Durant l'été, les ours recherchent la fraîcheur. Les ours polaires surtout, qui sont faits pour le froid, exposent leur corps massif à l'air ou à la glace.

▶ Un ours polaire endormi se rafraîchit dans la neige fondue.

11

TOUT LE MONDE DEHORS!

Au printemps, les ours quittent leur tanière pour aller à la recherche de nourriture. Durant les premières semaines, quand il n'y a que des graminées, des herbes et des brindilles à manger, ils perdent du poids. À la même période, les ours adultes muent en prévision de l'été.

Un ours de l'Alaska ▶ se régale d'airelles.

AH, LES FRAISES ET LES FRAMBOISES...

À la fin de l'été, quand les fruits sont mûrs, les ours se gavent de baies, de fruits et de noix. Ils passent de plus en plus de temps à manger pour se faire des réserves de graisse qui leur fourniront énergie et isolation durant l'hiver.

Un ourson grizzli se régale ▶ du fruit de l'églantier.

CHEZ MOI OU CHEZ TOI?

Au printemps, les ours abandonnent leurs habitudes de solitaires pour chercher un partenaire. Il arrive que des mâles rivaux se livrent de violents combats. Le mâle passe quelques jours avec la femelle, après quoi il part à la recherche d'une nouvelle conquête.

Deux grizzlis mâles se préparent au combat.

DOUX FOYER

À l'automne, les ours commencent à préparer leur tanière. Les ours polaires creusent un trou dans un banc de neige. Les ours noirs d'Asie se font un lit de brindilles sur le sol de la forêt. Les grizzlis creusent un trou dans le sol et se font un matelas avec des branches d'arbres mâchouillées. Les ours noirs d'Amérique font leur tanière dans une caverne.

◄ Une ourse noire et son ourson dans leur tanière.

Une ourse noire allaite ► ses deux oursons.

LES OURSONS

Les oursons naissent durant l'hiver, bien à l'abri dans la tanière. Très petits à la naissance, ils passent leurs premières semaines à manger et à dormir.

Des oursons se blottissent ► dans la fourrure de leur mère.

AU DODO!

Quand l'ours entre dans sa tanière pour hiberner, il est gros, sa fourrure est épaisse et il est prêt à s'endormir. La température de son corps s'abaisse et son rythme cardiaque ralentit. Les oursons qui passent plusieurs saisons avec leur mère l'accompagnent dans la tanière; autrement, l'ours dort seul.

13

À LA BOUFFE!

Les ours sont omnivores. Ils peuvent engloutir tout ce qui leur tombe sous la patte. C'est peut-être là que réside le secret de leur succès. Ce ne sont pas des clients difficiles, et ils peuvent se contenter de presque n'importe quoi.

▼ N'étant pas doués pour la chasse, les ours noirs mangent surtout des plantes, par exemple des baies, des herbes, des glands, des racines et des graminées.

UNE DIÈTE FORT VARIÉE

La diète d'un ours peut changer d'une saison à l'autre : les racines tendres et les pousses au printemps, les baies et les fruits mûrs en été et les glands en automne. Au printemps, il arrache l'écorce des arbres pour manger la couche interne, appelée cambium.

DE LA VIANDE...

Les ours ne sont pas les redoutables tueurs qu'on les soupçonne d'être. C'est vrai qu'ils attrapent et mangent de petits animaux, et certains, comme les ours polaires, mangent plus de viande que d'autres. Mais s'ils leur arrive de manger des proies plus grosses, il s'agit souvent d'animaux déjà morts.

◀ Un grizzli affamé attaque une palourde.

DU POISSON...

L'ours brun d'Alaska est un remarquable pêcheur. Il attrape le poisson dans sa gueule ou l'immobilise avec ses pattes avant. Il peut bondir d'un rocher en saillie et plonger dans l'eau pour attraper un poisson. Durant la montaison du saumon, il peut manger jusqu'à 40 kg de poisson par jour!

▼ DU GIBIER...

Prédateur, l'ours polaire a différentes techniques de chasse. Par exemple, il se tient immobile près du trou de respiration d'un phoque et peut attendre des heures. Quand un phoque vient respirer à la surface, il l'assomme d'un puissant coup de patte, le saisit avec ses dents acérées et le tire hors de l'eau.

▼ LES VIVRES DES CAMPEURS...

Quand un ours rôde dans les parages, la nourriture peut disparaître en un rien de temps. Le matin, les campeurs trouvent souvent des paquets de nourriture déchirés, des pots écrasés et des glacières renversées. Le meilleur remède : se procurer des contenants spéciaux ou suspendre la nourriture hors de la portée des ours.

MÊME DES ORDURES!

Les ours affamés sont attirés par les dépotoirs. En perdant peu à peu leur peur des humains et en devenant plus dépendants pour se nourrir, les ours peuvent aussi devenir plus dangereux.

LES OURSONS

En hiver, l'ourse donne naissance à un ou deux petits qui pèsent à peine quelques grammes. Couverts d'un fin duvet, les oursons sont aveugles et sans défense. Après avoir survécu tout l'hiver grâce au lait riche de leur mère, ils quittent la tanière au printemps et commencent leur apprentissage.

◄ Des oursons grizzlis d'à peine 10 jours pèsent 850 g. Ils pèseront environ 68 kg dans un an.

MAMAN A RAISON ►

Pour apprendre les secrets de la vie d'un ours, le seul maître de l'ourson est sa mère. En la suivant, en l'observant attentivement et en imitant ses actions, l'ourson apprend à chasser, à trouver des baies ou du poisson, à déterrer des fourmis et à trouver du miel.

AU SECOURS! ▲

Le pire ennemi de l'ourson est le mâle adulte. S'il s'approche un peu trop près, l'ourson risque d'être attaqué et tué. La mère doit protéger ses petits férocement et faire tout ce qu'elle peut pour les tenir loin des mâles.

AU JEU! ▶

Le jeu occupe une part importante de la vie de l'ourson. En jouant, les oursons se dressent sur leurs pattes arrière et essaient de se déséquilibrer l'un l'autre. Si le jeu devient trop rude, l'ourson arrête tout en rabattant les oreilles et en poussant un cri sourd.

Même si grimper aux arbres est un jeu amusant, c'est aussi une façon d'atteindre la nourriture et d'échapper au danger.

◀ DES SOLITAIRES

Les oursons restent parfois jusqu'à trois ans avec leur mère et l'accompagnent dans la tanière l'hiver. Certains vivent chacun de leur côté au bout d'un an. Il arrive aussi qu'ils restent ensemble durant quelques mois. Quand ils ont appris l'essentiel, le temps est venu pour eux de vivre leur vie d'ours.

17

LES PETITS OURS

Fais la connaissance de l'ours à lunettes, de l'ours des cocotiers, de l'ours lippu et de l'ours noir d'Asie. Ce sont les plus petits de tous les ours, et ils sont uniques.

L'OURS NOIR D'ASIE ▲

De tous les ours, c'est l'ours noir d'Asie qui risque d'être le plus nuisible. En effet, il s'attaque aux troupeaux de bovins, de moutons et de chèvres et détruit les récoltes. Il est irritable et s'attaque parfois aux humains.

◀ Une ourse des cocotiers et son ourson.

L'OURS DES COCOTIERS

L'ours des cocotiers est le plus petit de tou les ours. Il mesure de 90 à 140 cm de long et pèse 45 kg. On veut parfois en faire un animal de compagnie, mais on se rend vite compte qu'il est indiscipliné. C'est l'un des animaux les plus dangereux de son territoire.

▼ Un ours des cocotiers qui dort dans un arbre.

UN MANIAQUE ▶ DES FRUITS

L'ours à lunettes d'Amérique du Sud raffole des fruits. Il se construit une plate-forme de branches dans un arbre fruitier et y reste plusieurs jours à se régaler. Quand il a mangé tous les fruits à sa portée, il change d'arbre.

▼ L'ours à lunettes.

UN VRAI ASPIRATEUR ▼

L'ours lippu adore les termites, sa nourriture de base. Il creuse un trou dans le nid, y rentre le museau et souffle violemment pour nettoyer les environs. Il ferme ensuite les naseaux et aspire les insectes. Le bruit qu'il fait en aspirant son repas peut être entendu à plus de 180 m à la ronde.

Quand ils jouent, les ▶ ours lippus ont l'air féroces. Mais contrairement à la plupart des ours, ils aiment la compagnie.

◀ PREMIER DE CLASSE

L'ours des cocotiers en captivité a su prouver son intelligence. Un jeune a ouvert un placard en se servant d'une griffe comme s'il s'agissait d'une clé et s'est emparé d'un bol de sucre. Un autre a éparpillé du riz pour attirer des poulets qu'il a ensuite tués et mangés.

LES GÉANTS DU NORD

L'ours polaire, le roi du Nord, vit sur les banquises du Cercle arctique. Il atteint sa taille gigantesque en mangeant de la viande. Habile chasseur, il est réputé pour s'attaquer aux bélugas en leur sautant sur le dos et en les entraînant sous l'eau.

UN AMATEUR DE VIANDE

L'ours polaire se nourrit presque uniquement de phoques marbrés. Ses autres proies sont les morses, les bœufs musqués, les poissons et les baleines. Durant le bref été arctique, il se déplace et mange des plantes, des petits mammifères, des oiseaux et des œufs d'oiseaux.

SOUS L'EAU

Presque invisible sur la glace, l'ours polaire traque les phoques au repos. Dans l'eau, il s'approche de sa proie en nageant en chien, plonge sous l'eau, où il peut tenir jusqu'à deux minutes sans respirer, bondit hors de l'eau comme une fusée en s'élevant jusqu'à 2,5 m dans les airs et atterrit sur la glace!

DES AMIS POLAIRES

Au lieu de se retirer dans sa tanière, l'ours polaire mâle reste actif et chasse durant tout l'hiver. Il rencontre parfois d'autres ours polaires avec qui il s'amuse. Ces joutes servent à développer leur force et leurs aptitudes à la chasse.

UN POIL CREUX

Pour le garder au chaud, l'ours polaire a une épaisse couche de graisse sous la peau et plus de fourrure que n'importe quel autre ours. Les poils sur la plante de ses pieds l'aident à adhérer à la glace. Le poil de l'ours polaire est creux. Il capte la lumière du soleil et la dirige vers la peau noire de l'ours, qui absorbe la chaleur.

La sieste aide les ours polaires à conserver leur énergie.

BIEN AU CHAUD SOUS LA NEIGE

À l'automne, la femelle commence à creuser sa tanière hivernale dans la neige. L'air chaud est retenu à l'intérieur, et la neige poussée par le vent couvre l'ouverture. À la fin de décembre ou au début de janvier, la femelle donne habituellement naissance à des jumeaux.

Un ourson au chaud dans sa tanière.

COMME MAMAN

En mars ou en avril, quand la famille sort de la tanière, les oursons pèsent environ 9 kg et sont recouverts d'une épaisse fourrure. Durant presque deux ans, ils surveillent leur mère attentivement et apprennent à chasser pour survivre.

L'OURS NOIR D'AMÉRIQUE

Avec son corps puissant, l'ours noir d'Amérique peut distancer un coureur, grimper dans un arbre à une vitesse étonnante et se frayer un passage à travers un sous-bois dense. Malgré son nom, la robe de l'ours noir peut être brune, bleu-noir, cannelle et même blanche.

▼ Un ours noir à la robe cannelle.

JE MESURE...

L'ours noir mâle adulte mesure entre 1,2 m et 1,8 m de long et pèse jusqu'à 263 kg. Comme pour la plupart des espèces, les mâles sont beaucoup plus gros que les femelles.

ET J'HABITE... ▼

Les ours noirs passent habituellement l'hiver dans une caverne. Certains creusent une tanière sous les racines d'un gros arbre ou se font un lit sur le sol en ratissant des feuilles et des plantes.

L'OURS KERMODE L'ours Kermode, qui vit seulement dans une petite région de la Colombie-Britannique, au Canada, est la version blanche de l'ours noir. Aussi appelé « ours fantôme », l'ours Kermode est si rare que peu de gens en ont déjà vu un.

◀ DANS L'ARBRE

Quand l'ourson quitte la tanière, ses griffes sont déjà bien développées. Elles lui sont très utiles, car chaque fois que sa mère flaire un danger, il se réfugie dans l'arbre le plus proche.

Une ourse noire ▶
et son ourson.

UN VA-NU-PIEDS

La plante des pieds de l'ours polaire est poilue. Mais celle de l'ours noir, qui passe la majeure partie de sa vie dans les arbres, est à nu. Cette particularité, associée à ses griffes serrées et recourbées, lui permet de grimper plus facilement.

UN MENU VARIÉ ▶

L'ours noir est un puissant nageur et un bon pêcheur. Sur la terre ferme, il retourne les pierres et les rondins pourris pour trouver des insectes et des larves. Il détruit les terriers pour capturer de petits rongeurs. Il se nourrit aussi de végétaux et adore le miel.

Un ours noir au bain.

UN GROS BALOURD

L'ours brun est le plus gros de tous les ours. Le plus lourd jamais recensé pesait plus de 907 kg. Le plus connu est le puissant Grizzli, nom qui signifie mélange de gris et de gris sombre, ce qui décrit parfaitement l'extrémité des poils de sa robe.

QUELLE FAMILLE!

L'un des plus gros ours bruns est le Kodiak, qui vit uniquement sur l'île Kodiak, au sud de l'Alaska. Il y a aussi l'ours brun de Sibérie, l'ours roux du nord de l'Inde et de l'Himalaya, l'ours de Manchourie, l'ours du Tibet et de l'ouest de la Chine et l'ours de Hokkaido, du Japon.

EN GARDE! ▲

Durant la saison de reproduction et celle de la montaison du saumon, on peut assister à des combats spectaculaires entre les ours bruns mâles. Si l'ours défié ne recule pas, il s'ensuit un affrontement à coups de griffes et de dents, jusqu'à l'abandon d'un des deux adversaires.

◄ OURS À BOSSE

À cause de leur robe qui peut varier du blanc jaunâtre au noir, les ours bruns sont souvent confondus avec les ours noirs. Les ours bruns sont toutefois plus gros, leur tête est ronde et ils ont une bosse sur le dos. La bosse est une masse de muscles qui leur donne plus de puissance pour creuser et se défendre.

EN RÉSERVE

Le grizzli mange de tout, depuis les champignons jusqu'aux poissons et aux petits mammifères, en passant par des feuilles, des baies, des racines, des graminées et des insectes. Quand il trouve la carcasse d'un animal plus gros (orignal, wapiti ou bétail), il la conserve en lieu sûr et s'en nourrit tant qu'il en reste.

BOÎTE À OUTILS

Les grizzlis et les autres ours bruns ont d'énormes griffes qui atteignent parfois 15 cm de long. Elles leur sont utiles pour se battre, creuser, grimper, manipuler la nourriture et se gratter. Un grizzli très doué a même été vu manipulant une plume et la faisant tourner dans ses griffes.

▲ PARENTS-SECOURS

Le grizzli n'est pas aussi solitaire qu'on l'a d'abord cru. La femelle grizzli peut adopter des oursons orphelins et même nouer des amitiés. Dans la région de la rivière McNeil, en Alaska, deux femelles se sont rencontrées presque chaque jour, durant tout un été, pour s'échanger leurs oursons.

LE PANDA GÉANT

Avec ses motifs noirs et blancs saisissants, le panda géant ne peut être confondu avec aucun autre ours. Ce trésor national de Chine est l'un des animaux les plus populaires des zoos.

UN MANGEUR DE BAMBOU ▼

Le panda géant passe la plus grande partie de son temps à manger des feuilles et des pousses de bambou, son mets préféré. Il mange aussi de l'herbe, des plantes à fleurs et du miel. Les « pouces » de ses pattes avant lui permettent de tenir les pousses de bambou. Ces faux pouces, uniques chez les ours, sont la prolongation des os des poignets.

MESURES SÉVÈRES

À cause du braconnage et du défrichage des forêts, le panda géant est menacé d'extinction. Sa population se chiffre à peine à 1 000 têtes. La menace est telle que le gouvernement chinois a décrété que quiconque tue un panda géant sera passible de la peine de mort.

Le panda roux. ▶

◄ OURS OU RATON LAVEUR?

Durant plusieurs années, les scientifiques se sont demandé si le panda géant était un ours ou un parent du raton laveur. Le panda géant ressemble beaucoup au petit panda roux, qui fait partie de la famille des ratons laveurs. Cependant, les scientifiques modernes classent le panda géant dans la famille des ours.

GÉANT NAIN

En dépit de son nom, le panda géant mesure seulement de 68 à 78 cm à l'épaule, et entre 1,5 et 1,8 m du museau à la queue. Dans la plupart des espèces, les mâles sont beaucoup plus gros que les femelles, mais chez les pandas géants adultes, ils ont presque la même taille. Il est quasi impossible de les différencier.

BÉBÉS NOIR ET BLANC

À la naissance, les oursons pèsent de 85 à 142 g à peine. Quelques semaines plus tard, leur fourrure est déjà noir et blanc. À l'âge de un an, ils quittent leur mère, qui mettra bientôt au monde d'autres oursons.

AH, L'AMOUR…

Durant la saison de l'accouplement, les pandas géants trouvent leur partenaire par l'odeur et le son. Pour prévenir de leur présence, ils se frottent contre les arbres pour y laisser leur odeur. Le mâle pousse des cris sinistres, et la femelle lui répond en bêlant comme un mouton.

L'OURS ET LES HUMAINS

Même s'ils peuvent être dangereux, les ours sont eux aussi en danger. Au début des années 1800, un explorateur qui traversait le Colorado a vu plus de 200 grizzlis en une seule journée. Aujourd'hui, il reste probablement moins de 70 000 grizzlis dans toute l'Amérique du Nord. Avec le défrichage des forêts pour les cultures, les ours perdent leur habitat. Ils sont aussi menacés par les chasseurs.

LES ÉTUDES SCIENTIFIQUES

Les scientifiques étudient les besoins des ours afin de leur apporter l'aide nécessaire à leur survie. Cependant, il est difficile de les étudier sur le terrain parce que ce sont des animaux timides et rares. On réussit à suivre leurs déplacements en leur fixant un collier émetteur au cou.

Les excursions en autobus permettent d'observer les ours sans danger.

▲ PROTECTION POLAIRE

La chasse aux ours polaires était si populaire qu'une association a été créée en 1965 pour empêcher l'extinction de ces magnifiques créatures. Aujourd'hui, seules les populations autochtones du Groenland et de l'Alaska peuvent chasser les ours polaires.

BÊTE DE SCÈNE

Durant des siècles, les ours ont été utilisés dans des spectacles. On les exhibait dans les cirques, sur les places publiques, dans les films et à la télévision. Les anciens Romains se servaient des ours pour divertir l'assistance dans des arènes, entre les courses de chars et les combats de guerriers.

◀ Des ours lippus sont capturés et entraînés pour des spectacles.

À L'ATTAQUE!

Il est rare que les ours attaquent les humains, mais si on s'approche trop près, surtout d'une mère avec ses oursons ou de la nourriture, l'instinct de défense prend le dessus. L'intrus est poursuivi et griffé ou mordu.

L'OURSON EN PELUCHE ▶

En 1902, le président Roosevelt est revenu bredouille de la chasse. On lui avait apporté un ourson pour qu'il le tue, mais il avait refusé, et l'histoire a touché le cœur de la population. Peu après, on a créé un petit ourson en peluche, qui est vite devenu un des jouets les plus populaires de tous les temps.

UN SYMBOLE FAMILIER ▲

On retrouve l'image de l'ourson mignon dans les livres, les films et les annonces. Smokey l'ours, un des symboles les plus populaires, a été créé durant la Deuxième Guerre mondiale pour promouvoir la prévention des incendies. À ce jour, il nous rappelle encore que nous sommes les seuls à pouvoir prévenir les incendies de forêts.

29